NOTE

SUR

LA FORMULE

« Sanctæ sedis apostolicæ gratiâ episcopus »

DANS LES

DIPLOMES DES ÉVÊQUES D'ORLÉANS

PAR

JULES DOINEL

ancien Élève pensionnaire de l'école des Chartes,
Archiviste du Loiret.

ORLÉANS

IMP. DE PUGET ET Cie, RUE VIEILLE-POTERIE, 9.

—

1875.

NOTE

SUR

LA FORMULE

« Sanctæ sedis apostolicæ gratiâ episcopus »

DANS LES

DIPLOMES DES ÉVÊQUES D'ORLÉANS

PAR

JULES DOINEL

ancien Élève pensionnaire de l'école des Chartes,
Archiviste du Loiret.

———— ⁓⁓⁓ ————

ORLÉANS

IMP. DE PUGET ET Cⁱᵉ, RUE VIEILLE-POTERIE, 9.

—

1875.

NOTE SUR LA FORMULE

« Sanctæ sedis apostolicæ gratiâ episcopus »

DANS LES

DIPLOMES DES ÉVÊQUES D'ORLÉANS.

Un savant archiviste, M. d'Arbois de Jubainville, fait observer que la formule *Evêque par la grâce du saint siége apostolique*, « n'est pas de date tellement ancienne qu'on ne puisse fixer l'époque où elle a commencé à être usitée en France (1). »

A l'aide des chartes épiscopales que renferment les archives du Loiret, il est aisé de déterminer le moment où elle s'est introduite dans ce diocèse.

On ne prétend traiter ici qu'un point restreint de la question, le point d'érudition pure ; car, bien que l'on soit persuadé que les évêques tirent leur pouvoir immédiatement de Jésus-Christ (2) (les formules anciennes ne laissant aucun doute sur cette opinion), cependant il ne conviendrait pas à un simple laïque d'aborder le terrain de la discussion sacrée.

---

(1) Bibliothèque de l'Ecole des chartes. Tome XXXII, p. 84. 1871.

(2) *Posuit nos episcopos regere ecclesiam Dei,* dit l'apôtre saint Paul.

C'est d'ailleurs un fait reconnu que les plus anciens exemples de la formule qui fait l'objet de cette note, ne remontent en France, qu'au quatorzième siècle. Elle ne devint que peu à peu d'un usage universel, dit M. d'Arbois de Jubainville (1).

C'est un fait reconnu également, que la confirmation de l'élection des évêques, par le pape, n'était pas originairement nécessaire. Le souverain-pontife n'intervenait en qualité de juge que si la validité de cette élection était contestée.

Une législation nouvelle, en contradiction avec les usages de la vénérable antiquité, s'établit sous les papes Innocent III, Grégoire X et Nicolas III (2). La formule inconnue à nos pères naquit de cette réglementation. Le concordat de 1516 ayant supprimé les élections qu'il remplaça par la nomination royale, la formule prit plus d'extension encore, et l'on peut dire avec notre confrère qu'en France elle paraît destinée à rappeler que l'évêque a reçu la bulle papale exigée par la décrétale de 1274, dont les dispositions ont été maintenues par le concordat de 1516 et par celui de 1802 (3).

Les évêques d'Orléans n'admirent que très-tard, d'une manière définitive, l'expression : *Gratiâ sanctæ sedis apostolicæ episcopus.*

---

(1) Ibid. p. 85.
(2) 1215, 1274, 1278.
(3) Ibidem, p. 87.

On ne la rencontre dans leurs diplômes qu'à partir du XVIe siècle. Notons une exception toutefois. Jean IV qui occupa le siége épiscopal, entre 1346 et 1354, employa deux fois, à notre connaissance, la formule : *Gratiâ sanctæ sedis* ; une première fois en 1351, dans une charte de donation (1) ; une seconde fois en 1353 (2), dans un acte du 17 février. Mais en cette même année 1353, l'évêque Jean IV reprit la formule usuelle : *Miseratione divina* (3).

Cette expression *par la grâce du saint siége apostolique* qui, suivant la remarque de M. de Wailly (4), devint ordinaire en France dans le cours du XIVe siècle, ne devint habituelle dans le style de nos évêques d'Orléans, que dans le cours du XVIe. C'est ce que l'on va démontrer avec l'aide des textes :

Agius tout d'abord s'offre à nous, *Agius*, dont la chancellerie nous a laissé une charte précieuse, deux fois sauvée du naufrage, et l'honneur de nos belles archives (5). Ce grand évêque du neuvième siècle emploie la formule suivante : *Ego Agius nullis præceden-*

---

(1) A. D. Fonds Sainte-Croix. Donation de *La Chevrière.*

(2) Même fonds.

(3) 1er juin 1353.

(4) *Eléments de paléographie*, tome I, p. 146.

(5) M. Boucher de Molandon a publié sur la charte d'Agius, un très-beau travail dans le tome VII des *Mémoires de la Société archéologique d'Orléans.* C'est un modèle de discussion et de critique historiques.

tibus (*meritis*) *sed sola gratuita Dei miseratione Aurelianensis civitatis episcopus* (1). Ce *sola gratuita* n'est pas sans quelque intérêt et vaut la peine qu'on s'y arrête. Qu'aurait-on dit au XVII° siècle, que dirait-on encore aujourd'hui d'un prélat qui s'intitulerait : Evêque par la seule gratuite miséricorde de Dieu? Et cependant voilà le langage de l'antiquité; nous entendons la voix de la tradition. Ce qui n'empêchait pas, du reste, le saint pontife Agius d'être, comme il le devait, en communion parfaite avec le Saint-Siége, centre de l'unité alors comme maintenant.

Poursuivons. Voici l'évêque *Ermenthée*, jadis abbé de Saint-Mesmin. Il vivait au Xe siècle. Il a pour suscription : *Ermentheus humilis Aurelianorum episcopus* (2).

Cette formule et celle d'Agius sont les deux plus anciennes qu'il soit possible actuellement de fournir aux lecteurs. Mais elles supposent des formules antérieures et servent de chaînon entre l'antiquité et le moyen-âge.

Saint *Theodoric II,* dans un diplôme de 1016, est dit : *Tehodericus, Aurelianorum episcopus* (3). Le témoignage qu'il nous apporte, dans la brève et concise éloquence de

---

(1) Moi Agius, évêque de la cité d'Orléans, sans merites precedents de ma part, *mais par la seule et gratuite miséricorde de Dieu.*

(2) Ermenthée, humble évêque d'Orléans.

(3) Théoderic, évêque d'Orléans.

ɛa formule, est le témoignage d'un saint. Il a donc une double valeur.

Son successeur, *Odolric* de Broyes, s'intitule, dans une charte de 1027 : *Odolricus. gratia Dei humilis Aurelianorum episcopus* (1).

Arnoul II, quatrième évêque après Odolric, nous a laissé une formule analogue : *Arnulfus Dei gratia sancte Aurelianensis ecclesie episcopus* (2). *Jean I*, qui succéda à Arnoul II, nous a légué cinq diplômes ; le premier de 1115, le dernier de 1129. Dans celui de 1115, il se nomme : (3) *Iohannes secundus gratia Dei Aurelianensium episcopus :* dans celui de 1122 : *Aurelianorum episcopus ;* dans celui de 1123 : *Aurelianensium episcopus ;* dans ceux de 1127 et 1129 : *Aurelianensis episcopus.*

Les actes de *Manasses I de Garlande,* sont moins rares dans nos archives. Nous en possédons neuf, de 1148 à 1176. Cet évêque a varié dans la formule de ses suscriptions ; mais ces variations ne touchent pas au sens. En 1148 et en 1166, il se dit : *Manas-*

---

(1) Odolric, par la grâce de Dieu, humble évêque d'Orléans.

(2) Arnoul, par la grâce de Dieu, évêque de la sainte Eglise d'Orléans. — Nous n'avons pas mentionné une charte d'*Isembard de Broyes,* successeur d'Odolric, parce que nous n'en possédons pasle texte authentique. Néanmoins on peut se fier a la *Gallia Christiana* qui la reproduit. (Tome VIII, col. 494.) Isembard y est dit : *Pastor datus ecclesie Aurelianensi.*

(3) Jean II, par la grâce de Dieu, évêque d'Orléans.

ses *Dei gratia Aurelianensis ecclesie humilis minister* (1). En 1151, il s'intitule : *Manasses Dei gratia Aurelianensium episcopus*. Cette formule, moins le : *Dei gratia*, revient en 1156 et 1176 ; seulement, *Aurelianensium* fait place à : *Aurelianensis ecclesie*. 1153 nous présente une formule particulière : *Manasses, Dei permissione, victoriosissime crucis ecclesie minister humilis* (2). En 1167, l'évêque se dit : *Manasses, Dei permissione, Aurelianensis ecclesie humilis minister*. Enfin, en 1167 et 1171, il adopte cette expression : *Manasses, Dei permissione, Aurelianensis ecclesie dictus episcopus* (3). Pour la première fois, le mot de *minister* se rencontre dans le style de la chancellerie de Manassès I. Pour la première fois aussi, nous trouvons le texte : *Dei permissione*. Désormais ce dernier sera employé fréquemment (4).

L'évêque *Henri I de Dreux*, dont nous possédons dix diplômes, s'intitule dans les dix (5) : *Henricus, Dei gratia, Aurelianensis episcopus*.

---

(1) Manassès, par la permission de Dieu, humble ministre de l'Eglise de la très-victorieuse Croix.

(2) Manassès, par la grâce de Dieu, humble ministre de l'Eglise d'Orléans.

(3) Manassès, par la permission de Dieu, dit évêque d'Orléans.

(4) Dans une charte de 1146, citée par la *Gallia*, (tome VIII, col. 506) Manassès I est dit évêque par la *patience de Dieu. Dei patientia*.

(5) Henri, par la grâce de Dieu, évêque d'Orléans. Chartes de 1189 à 1197.

L'évêque *Hugues I de Garlande*, a deux formules. La première, qu'il emploie en 1194, 1200, 1201, 1202, 1203, 1204 et 1206 est celle-ci : *Hugo, Dei gratia, Aurelianensis episcopus*. C'est la formule ordinaire, celle de Henri I. Mais en 1204, dans une lettre adressée au roi de France, Hugues se nomme : *Hugo, Dei permissione, Aurelianensis Ecclesie minister humilis*. C'est la formule de Manassès I, de 1167.

Manasses II de Seignelay (notre dépôt possède beaucoup de chartes de cet évêque), use toujours de la même formule : *Manasses, Dei gratia, Aurelianensis episcopus* (1).

Philippe I de Jouy (2), a deux formules : *Philippus, Dei gratia, Aurelianensis episcopus ; et Philippus, permissione divina, Aurelianensis episcopus*. Cette dernière, à partir de 1233.

Philippe II Berruyer (3), emploie les mêmes formules que son prédécesseur ; seulement il change *permissione divina* en *divina permissione*.

Guillaume I de Bucy, outre l'expression : *Dei gratia, Aurelianensis episcopus*, qu'on

---

(1) Manassès, par la grâce de Dieu, évêque d'Orléans. — Dans les chartes de *la Gallia*, le terme *Dei gratia* est une fois supprimé (Tome VIII, col. 525).

(2) 1221, 1234 6.)

(3) Dans une charte de *la Gallia* (t. VIII, col. 532), il se dit : *electus Bituricensis. — Elu de Bourges.* On sait en effet qu'il fut archevêque de Bourges en 1236.

trouve dans ses diplômes de 1239, 1249, 1253, 1254, 1255, employa celle de : *Guillermus, divina permissione*, en 1240 ; et celle de : *divina miseratione* (1), en 1242, 1243, 1245, 1247, 1249, 1257.

Ce terme : *divina miseratione*, remonte comme on a pu le voir au grand Agius.

Robert de Courtenay, emploie indifféremment : *Miseratione divina*, et : *Divina miseratione*. En 1262, il se sert de : *Dei gratiâ*.

Gilles Patay, dont nous possédons deux titres, use de : *Dei gratia*, et de : *Permissione divina*.

Pierre II de Mornay, préfère : *Miseratione divina*.

Berthold ou *Bertaud de Saint-Denis*, s'intitule : *Bertaudus, miseratione divina, aurelianensis episcopus*, dans un acte de 1303. Dans son testament, daté de 1306, il se dit : *Permittente Deo, vocatus aurelianensis episcopus* (2).

Avec Bertaud, nous sommes entré dans le XIVe siècle.

L'évêque *Raoul Grosparmi* (3), dans ses dernières volontés, en 1307, est dit : *Miseratione divina aurelianensis episcopus*.

---

(1) Par la miséricorde divine.
(2) Dieu le permettant, évêque d'Orléans.
(3) Et non *Grospain*. Lui-même s'intitule quelque part : *Groz parmi*.

Milon de Chailly emploie le même texte, ainsi que le bienheureux *Roger le Fort*, en 1323.

Jusqu'à présent le droit nouveau n'a pas forcé la barrière. Le bienheureux Roger, lui-même, n'a pas mis à exécution la décrétale de 1274.

Jean III de Conflans, se sert en 1330, du terme : *Dei gratia ;* en 1334, du terme : *Permissione divina* ; en 1338, du terme : *Miseratione divina.*

Nous rencontrons enfin *Jean IV*. Jean IV va innover, mais il retournera bientôt aux errements de ses prédécesseurs. En 1346, dans une charte française il s'appelle : *Jehan, par la grâce de Dieu, evesque d'Orléans.* En 1348, dans une pièce latine, il se nomme *miseratione divina, Aurelianensis episcopus.* Et voilà que nous sommes tout surpris de voir dans une charte du 4 août 1351, cette formule : *Johannes, Dei et Apostolice sedis gratia, episcopus Aurelianensis* (1). Notre étonnement augmente quand après avoir vu cette formule persister jusqu'au 7 février 1353 (2), nous la voyons disparaître dès le 1er juin de la même année (3). Il y a dans cette double coïncidence une énigme que nous allons essayer d'expliquer. Le bon

---

(1) Voir plus haut.

(2) *Item.* Lettre aux confrères de N.-D. et de Saint-Vrain du Martroy.

(3) L'ancien : *miseratione divina* la remplace.

Symphorien Guyon (1) nous donne, ce nous semble, la clef de la difficulté ; et cela, sans malice, dans une toute petite ligne, un entrefilet comme l'on dirait de nos jours, Jean IV, qu'il appelle Jean VI, était en différend avec le chapitre de Sainte-Croix, au sujet des réparations à faire à l'église cathédrale. L'évêque était à court d'argent et se refusait à payer. Or, le différend ne fut terminé qu'en 1365. De 1351 à 1353, l'évêque est dans un grand embarras pécuniaire à cause, dit Guyon : « des grandes sommes de deniers qui estoient deües par cet evesque au sainct siége apostolique. » La cour romaine ne le contraignit à payer qu'en 1353 (2). En 1353, le pape s'appelait Innocent VI, homme énergique et juste; mais comme le remarquent les Bénédictins, indulgent pour ses parents qu'il combla de faveur. Jean IV, fort gêné, adopta une formule agréable au saint-siége et que ses prédécesseurs avaient repoussée, tant qu'il espéra que la cour romaine lui donnerait du répit pour ses paiements. La formule plaisait à Innocent VI ; mais moins patient que son prédécesseur Clément VI, ce pape insista pour avoir l'argent qui lui plaisait aussi parce qu'il en avait besoin. L'évêque d'Orléans paya, *solvit*, dit la *Gallia*; mais il biffa la formule.

On ne donne cette explication que comme plausible et très-probable, en attendant une

---

(1) Histoire, tome II, p. 115. Edit. de 1650, in-folio.
(2) Voir la *Gallia* (tome VIII. col. 1474).

solution meilleure et appuyée sur des faits mieux établis et inabordables à la conjecture.

En somme le fait est là. Nous savons par des chartes authentiques que Jean IV a employé le premier la formule nouvelle, et qu'il l'a rejetée après deux années d'usage. Elle ne présente qu'un incident et non une règle dans la chancellerie épiscopale d'Orléans. On ne peut donc arguer des deux diplômes de Jean IV pour établir son antiquité relative. C'est ce qu'il importe de bien observer.

Jean V se servit du : *miseratione divina*; *Hugues II*, du : *permissione divina* ; *Jean VI* : du *miseratione divina*.

Foulques II de Chenac imita Jean VI.

Guy de Prunelay employa en 1410 cette même formule. En 1425, il la remplaça par le : *Dei gratiâ* (1).

Pierre III Bureau, en 1450 ; *Thibaud d'Aussigny,* en 1459 (2) ; François I de Brilhac de 1477 à 1505, usèrent de la formule antique : *miseratione divina*. En 1505, François I se dit, dans une pièce française : *Evêque par la permission divine.*

Ainsi nous sommes en plein XVI* siècle et nos évêques d'Orléans, fidèles à cette tradi-

---

(1) Dans son testament.
(2) *Theobaldus, miseratione divina Aurelianensis episcopus.*

tion qui remonte aux premiers pasteurs, n'ont pas encore adopté la nouvelle formule ; et depuis 1274, cette formule s'impose à eux sans qu'ils l'aient subie. Pouvaient-ils dire plus clairement qu'ils tenaient de Jésus-Christ seul leur juridiction sainte ?

Voici encore deux pontifes : *Christophe de Brilhac* et *Germain I de Gannay*. Tous deux se proclament *évêques par la permission divine* (1).

En 1525, enfin, nous rencontrons *Jean d'Orléans*, il se dit: *Joannes, Dei et sancte sedis apostolice gratia episcopus aurelianensis.* Ce texte n'est pas manuscrit (2). Encore cette formule n'est-elle pas définitivement acceptée ; puisque, dans un acte français du même prélat, de l'année 1529, nous lisons : *Jehan d'Orléans, par la permission divine, arcevesque de Tolouze et evesque d'Orléans.*

François II de Faucon et *Jean XI de Morvilliers* semblent avoir adopté la formule romaine (3).

Jean XII de l'Aubespine la met de côté, du moins dans les actes que nous avons pu voir. En 1589, il s'intitule : *Joannes de l'Aubespine, miseratione divina, aurelianensis episcopus.* En 1593, il se dit : *Jehan*

---

(1) 1507 et 1516.
(2) Il est tiré des *Ordinations synodales*, imprimées chez *Cl. Chevasson, Paris, 1525.*
(3) 1550 et 1552.

de l'Aubespine, par permission divine, evesque d'Orléans.

Nous quittons le XVIe siècle ; nous voici dans le XVIIe. Désormais, plus d'hésitation, nos évêques adoptent et d'une façon permanente l'expression : *Par la grâce du saint siége apostolique.*

Tour-à-tour (1), *Gabriel de l'Aubespine,* en 1624 et 1629 ; *Nicolas de Netz,* de 1631 à 1643 ; *Pierre du Camboul de Coislin,* en 1692 ; *Louis-Gaston Fleuriau d'Armenonville,* en 1715 ; *Louis-Joseph de Montmorenci-Laval,* en 1755 ; et *Louis Sextius de Jarente de La Bruyère,* en 1780, emploient la formule désormais consacrée par l'usage.

Pour résumer, disons que la formule qui fait le sujet de cette note, si elle a un moment apparu dans notre style épiscopal au XIVe siècle, si elle a reparu au XVIe avec plus de persistance, ne s'est définitivement introduite chez les évêques d'Orléans, qu'au XVIIe, et que l'évêque de Montpellier, le *Grand Colbert,* comme on disait dans le camp janséniste, n'innovait pas le moins du monde, lorsqu'il rétablissait la formule — *par la permission divine* — en tête de ses mandements. Notre *Agius* allait plus loin encore, lui qui y joignait les épithètes de : *sola et gratuita.*

---

(1) En 1629, au lieu de : *gratia sanctæ sedis,* l'évêque met : *authoritate,* par l'autorité.

Disons aussi qu'il est bon de respecter l'usage actuel, et que d'ailleurs l'emploi de la formule romaine n'enlève rien aux droits sacrés de nos prélats, à ceux surtout de notre grand évêque ; comme la suppression de cette même formule ne porterait atteinte en rien à notre amour et à notre respect pour le chef de l'Eglise catholique.

JULES DOINEL,

ancien élève pensionnaire de l'Ecole des Chartes, archiviste du Loiret.

Extrait du *Journal du Loiret*, du 18 juin 1875.
